学校 - mokykla   2
旅行 - kelionė   5
交通运输 - transportas   8
城市 - miestas   10
地形 - kraštovaizdis   14
餐馆 - restoranas   17
超市 - prekybos centras   20
饮料 - gėrimai   22
食物 - maistas   23
农场 - ūkininko ūkis   27
房子 - namas   31
客厅 - svetainė   33
厨房 - virtuvė   35
浴室 - vonios kambarys   38
儿童房 - vaiko kambarys   42
衣服 - drabužis   44
办公室 - biuras   49
经济 - ekonomika   51
职业 - profesijos   53
工具 - įrankiai   56
乐器 - muzikos instrumentai   57
动物园 - zoologijos sodas   59
体育 - sportas   62
活动 - užsiėmimai   63
家 - šeima   67
身体 - kūnas   68
医院 - ligoninė   72
紧急情况 - nelaimingas atsitikimas   76
地球 - Žemė   77
钟表 - laikrodis   79
周 - savaitė   80
年 - metai   81
形状 - formos   83
颜色 - spalvos   84
反义词 - priešingos reikšmės žodžiai   85
数字 - skaičiai   88
语言 - kalbos   90
谁/什么/怎样 - kas / ką / kaip   91
方位 - kur   92

Impressum
Verlag: BABADADA GmbH, Nedderfeld 112 , 22529 Hamburg
Geschäftsführer / Verlagsleitung: Harald Hof
Druck: Books on Demand GmbH, In de Tarpen 42, 22848 Norderstedt

Imprint
Publisher: BABADADA GmbH, Nedderfeld 112 , 22529 Hamburg, Germany
Managing Director / Publishing direction: Harald Hof
Print: Books on Demand GmbH, In de Tarpen 42, 22848 Norderstedt, Germany

学校

mokykla

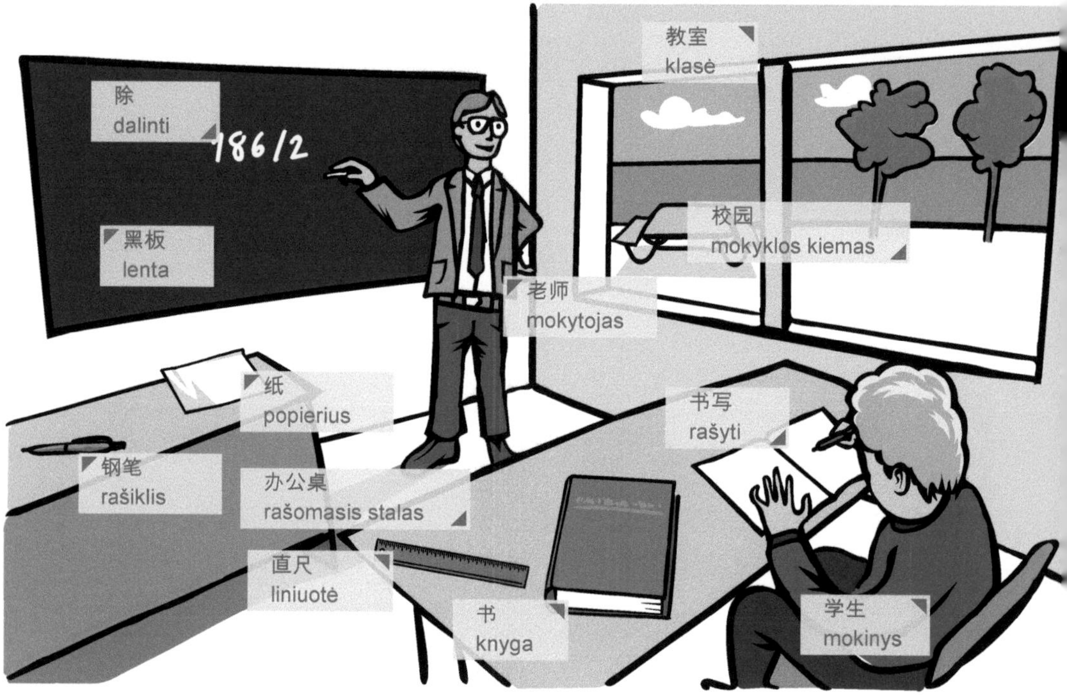
教室
klasė
除
dalinti
186/2
黑板
lenta
校园
mokyklos kiemas
老师
mokytojas
纸
popierius
书写
rašyti
钢笔
rašiklis
办公桌
rašomasis stalas
直尺
liniuotė
书
knyga
学生
mokinys

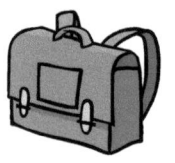

书包

kuprinė

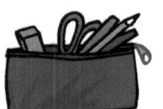

铅笔盒

penalas

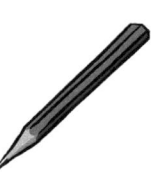

铅笔

pieštukas

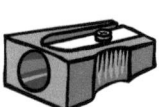

卷笔刀

drožtukas

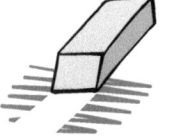

橡皮擦

trintukas

画板

piešimo bloknotas

图画

piešinys

画笔

teptukas

颜料盒

dažų dėžutė

剪刀

žirklės

胶水

klijai

练习册

vadovėlis

家庭作业

namų darbai

12

数字

numeris

2+2

加

pridėti

5-2

减

atimti

2×2

乘

dauginti

计算

skaičiuoti

A

字母

raidė

ABCDEFG HIJKLMN OPQRSTU VWXYZ

字母表

abėcėlė

hello

字

žodis

课文

tekstas

读

skaityti

粉笔

kreida

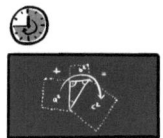

上课

pamoka

登记

dienynas

考试

egzaminas

证书

pažymėjimas

校服

mokyklinė uniforma

教育

išsilavinimas

百科全书

enciklopedija

大学

universitetas

显微镜

mikroskopas

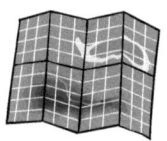

地图

žemėlapis

废纸筐

šiukšliadėžė

旅行

kelionė

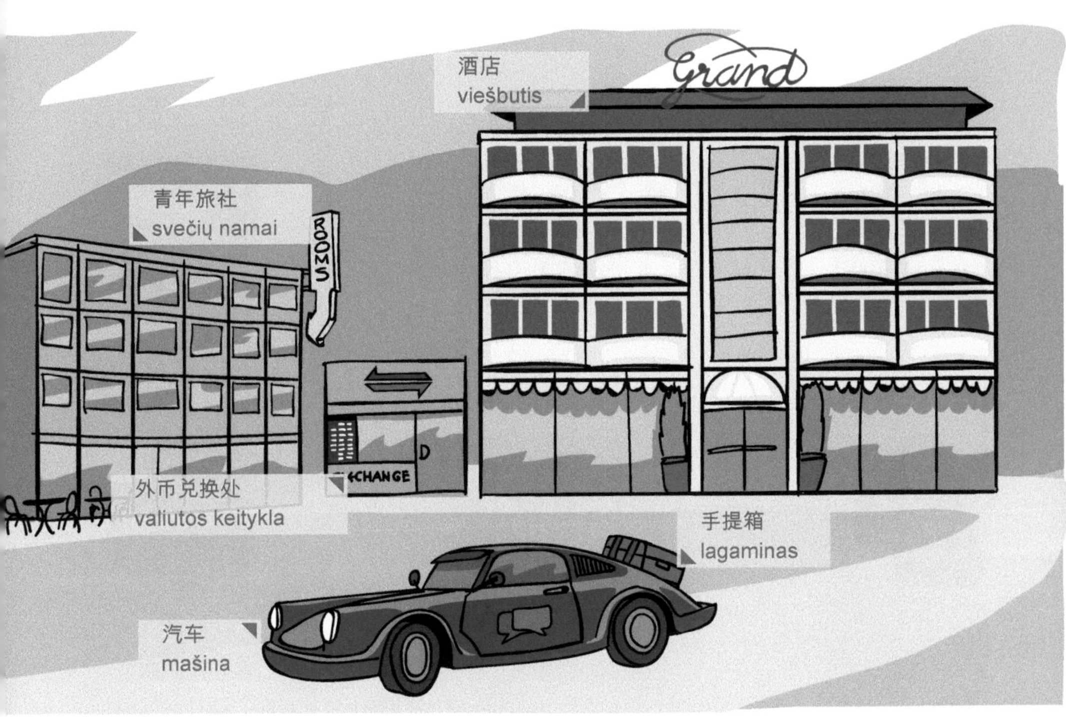
酒店
viešbutis
Grand
青年旅社
svečių namai
ROOMS
外币兑换处
valiutos keitykla
EXCHANGE
手提箱
lagaminas
汽车
mašina

语言

kalba

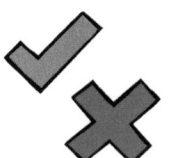

是/否

taip / ne

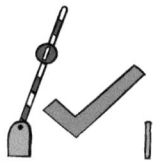

好的

Gerai

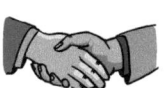

您好

sveiki

翻译员

vertėjas raštu

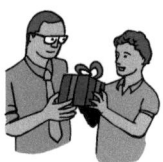

谢谢

Ačiū

......多少钱？

kiek kainuoja...?

我不明白

aš nesuprantu

问题

problema

晚上好！

Labas vakaras!

早上好！

Labas rytas!

晚安！

Labos nakties!

再见

viso gero

方向

kryptis

行李

bagažas

包

krepšys

双肩包

kuprinė

客人

svečias

房间

kambarys

睡袋

miegmaišis

帐篷

palapinė

旅游信息

turizmo informacija

海滩

paplūdimys

信用卡

kreditinė kortelė

早餐

pusryčiai

午餐

pietūs

晚餐

vakarienė

票

bilietas

电梯

liftas

邮票

pašto ženklas

边界

siena

海关

muitinė

大使馆

ambasada

签证

viza

护照

pasas

交通运输

transportas

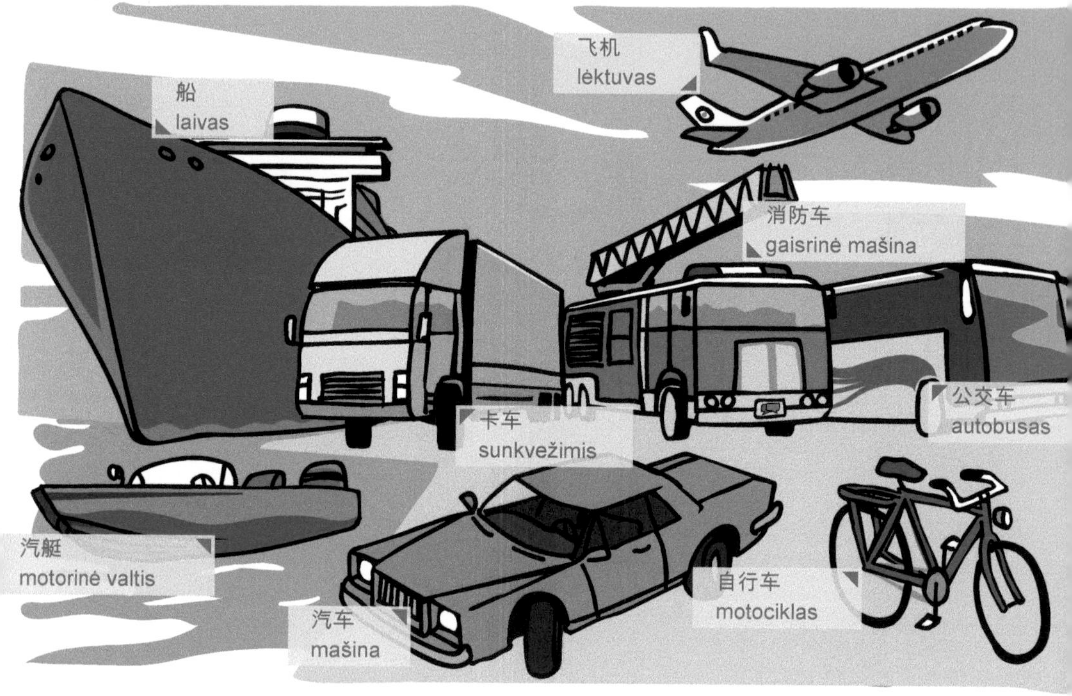

飞机
lėktuvas
船
laivas
消防车
gaisrinė mašina
公交车
autobusas
卡车
sunkvežimis
汽艇
motorinė valtis
自行车
motociklas
汽车
mašina

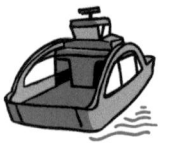

摆渡船

keltas

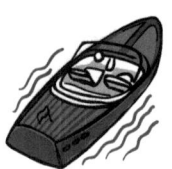

小船

valtis

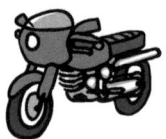

摩托车

mopedas

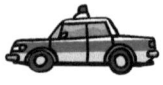

警车

policijos automobilis

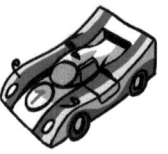

赛车

lenktyninis automobilis

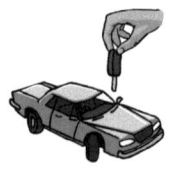

租车

nuomojamas automobilis

拼车

bendras automobilio
naudojimas

拖车

techninės pagalbos
automobilis

垃圾车

šiukšliavežė

发动机

variklis

汽油

degalai

加油站

degalinė

交通标志

kelio ženklas

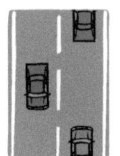

交通

eismas

交通堵塞

eismo spūstis

停车场

mašinų stovėjimo aikštelė

火车站

traukinių stotis

轨道

bėgiai

火车

traukinys

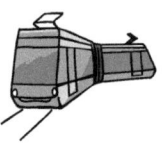

电车

tramvajus

货车

vagonas

直升机

sraigtasparnis

机场

oro uostas

塔

bokštas

乘客

keleivis

集装箱

konteineris

纸板箱

dėžė

手推车

vežimėlis

篮子

krepšys

起飞/降落

pakilti / nusileisti

城市

miestas

村庄

kaimas

市中心

miesto centras

房子

namas

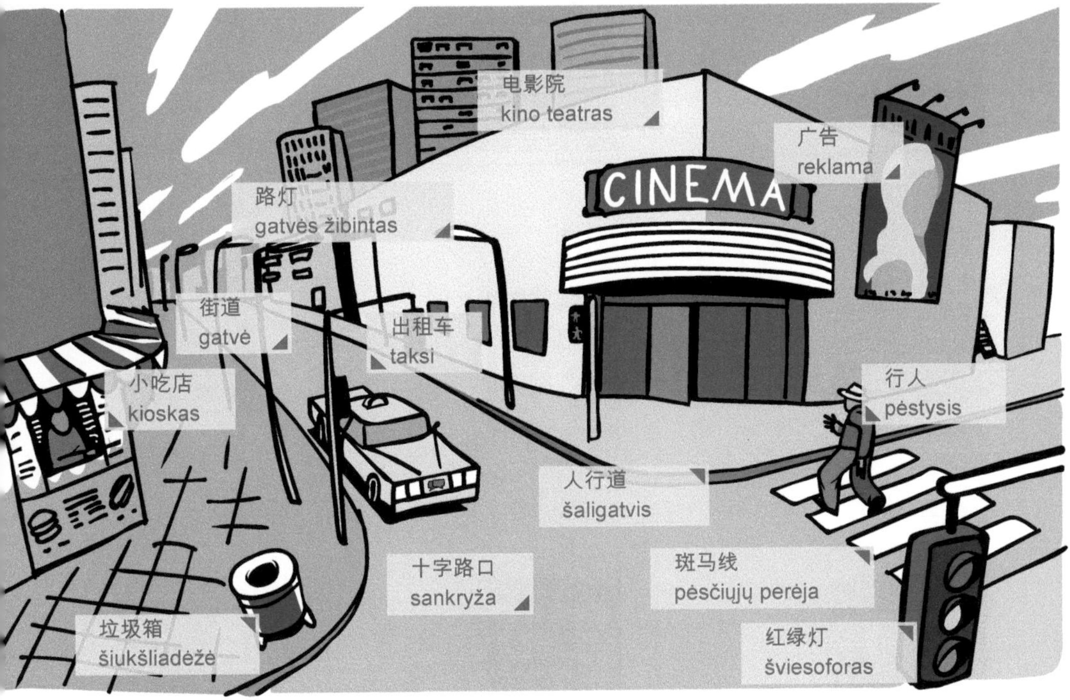
电影院
kino teatras
CINEMA
广告
reklama
路灯
gatvės žibintas
街道
gatvė
出租车
taksi
小吃店
kioskas
行人
pėstysis
人行道
šaligatvis
十字路口
sankryža
斑马线
pėsčiųjų perėja
垃圾箱
šiukšliadėžė
红绿灯
šviesoforas

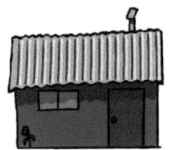

小屋

trobelė

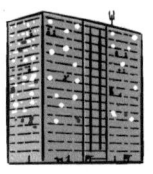

公寓

butas

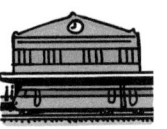

火车站

traukinių stotis

市政厅

rotušė

MUSEUM

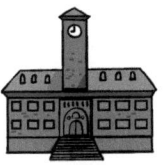

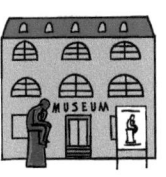

博物馆

muziejus

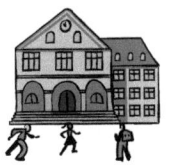

学校

mokykla

大学

universitetas

银行

bankas

医院

ligoninė

酒店

viešbutis

药房

vaistinė

办公室

biuras

书店

knygynas

商店

parduotuvė

花店

gėlių parduotuvė

超市

prekybos centras

市场

turgus

百货商店

universalinė parduotuvė

鱼店

žuvies parduotuvė

购物中心

prekybos centras

海港

uostas

公园
parkas

长凳
suoliukas

桥
tiltas

楼梯
laiptai

地铁
metro

隧道
tunelis

公交车站
autobusų stotelė

酒吧
baras

餐馆
restoranas

邮筒
lauko pašto dėžutė

路标
kelio ženklas

停车计时器
parkomatas

动物园
zoologijos sodas

游泳馆
baseinas

清真寺
mečetė

农场
ūkininko ūkis

污染
tarša

墓地
kapinės

教堂
bažnyčia

操场
žaidimų aikštelė

寺庙
šventykla

地形
kraštovaizdis

树叶
lapas

指示牌
kelio rodyklė

路
kelias

草地
pieva

石头
akmuo

树
medis

徒步旅行
者
ėjikas

河
upė

草
žolė

花
gėlė

峡谷

slénis

山

kalva

湖

ežeras

森林

miškas

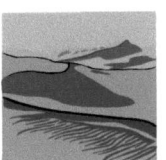

沙漠

dykuma

火山

ugnikalnis

城堡

pilis

彩虹

vaivorykštė

蘑菇

grybas

棕榈树

palmė

蚊子

uodas

苍蝇

musė

蚂蚁

skruzdėlė

蜜蜂

bitė

蜘蛛

voras

地形 - kraštovaizdis

甲虫
vabalas

青蛙
varlė

松鼠
voverė

刺猬
ežys

野兔
kiškis

猫头鹰
pelėda

鸟
paukštis

天鹅
gulbė

野猪
šernas

鹿
elnias

麋鹿
briedis

水坝
užtvanka

风力发电机
vėjo jėgainė

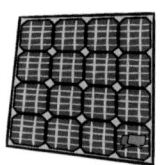

太阳能电池板
saulės baterija

气候
klimatas

服务员
padavėjas

菜单
meniu

椅子
kėdė

汤
sriuba

披萨饼
pica

餐具
stalo įrankiai

桌布
staltiesė

前菜

užkandis

主菜

pagrindinis patiekalas

甜点

desertas

饮料

gėrimai

食物

maistas

瓶子

butelis

快餐

greitai pateikiamas maistas

街边小吃

gatvės maistas

茶壶

arbatinukas

糖盒

cukrinė

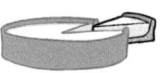

一份饭菜

porcija

意式咖啡机

espreso aparatas

高脚椅

aukšta kėdė

账单

sąskaita

托盘

padėklas

刀

peilis

餐叉

šakutė

勺子

šaukštas

茶匙

arbatinis šaukštelis

餐巾

servetėlė

玻璃杯

stiklinė

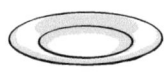

碟子

lėkštė

汤盘

sriubos lėkštė

碟子

padėklas

酱

padažas

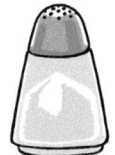

盐瓶

druskinė

胡椒磨

pipirų malūnėlis

醋

actas

食用油

aliejus

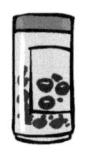

调味料

prieskoniai

番茄酱

kečupas

芥末

garstyčios

蛋黄酱

majonezas

超市

prekybos centras

特价
specialus pasiūlymas
FOR
顾客
pirkėjas
乳制品
pieno produktai
水果
vaisiai
购物车
troleibusas

BUTCHERS

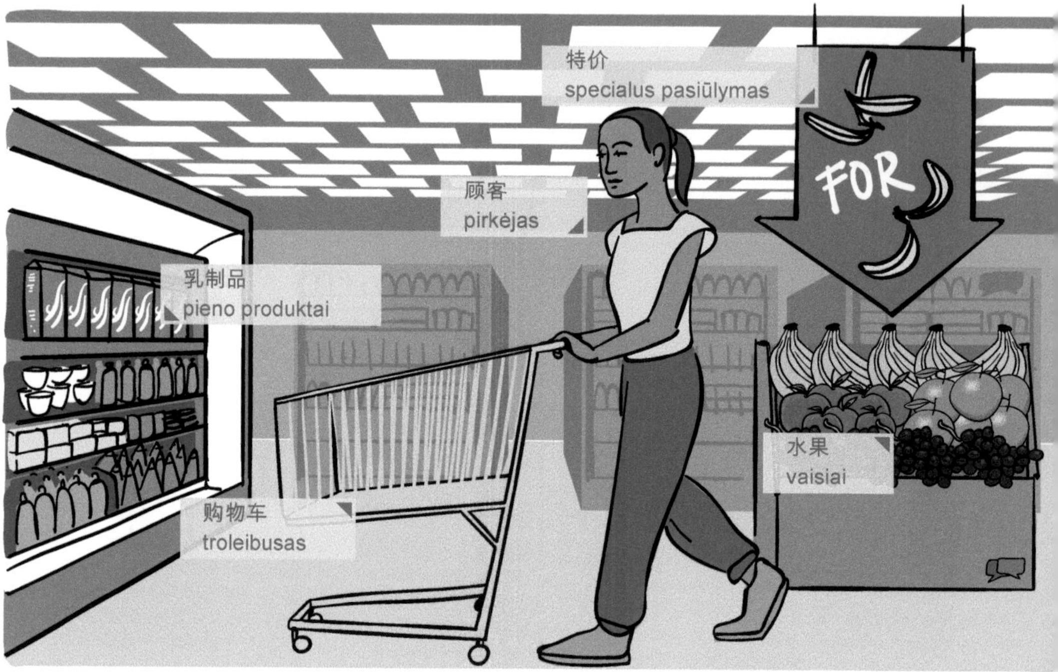

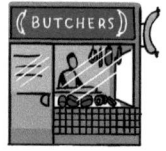

肉铺

mėsos parduotuvė

BAKERY

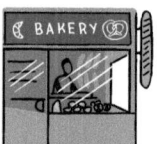

面包房

kepykla

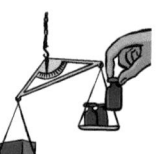

称重

sverti

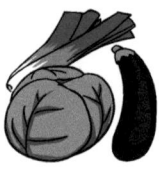

蔬菜

daržovės

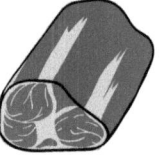

肉

mėsa

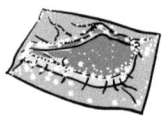

冷冻食品

šaldytas maistas

冷盘

šalti mėsos užkandžiai

罐头食品

konservai

洗衣粉

skalbimo milteliai

甜食

saldumynai

日用品

ūkinės prekės

清洁用品

valymo priemonės

销售员

pardavėja

收银机

kasos aparatas

收银员

kasininkas

购物清单

pirkinių sąrašas

开放时间

darbo valandos

钱包

piniginė

信用卡

kreditinė kortelė

袋子

maišelis

塑料袋

plastikinis maišelis

水

vanduo

果汁

sultys

牛奶

pienas

可乐

kola

红酒

vynas

啤酒

alus

酒

alkoholis

可可

kakava

茶

arbata

咖啡

kava

意式浓缩咖啡

espresas

卡布奇诺

kapučinas

香蕉

bananas

苹果

obuolys

橙子

apelsinas

西瓜

arbūzas

柠檬

citrina

胡萝卜

morka

大蒜

česnakas

竹子

bambukas

洋葱

svogūnas

蘑菇

grybas

坚果

riešutai

面条

makaronai

意大利面条

spagečiai

米饭

ryžiai

沙拉

salotos

薯条

traškučiai

炸土豆

keptos bulvės

披萨饼

pica

汉堡包

mėsainis

三明治

sumuštinis

炸猪排

pjausnys

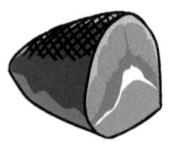

火腿

kumpis

萨拉米

saliamis

香肠

dešrelė

鸡肉

vištiena

烤肉

kepsnys

鱼

žuvis

燕麦片

avižų dribsniai

穆兹利

dribsniai su priedais

玉米片

kukurūzų dribsniai

面粉

miltai

羊角面包

prancūziškasis ragelis

面包卷

bandelė

面包

duona

烤面包

skrebutis

饼干

sausainiai

黄油

sviestas

凝乳

varškė

蛋糕

tortas

蛋

kiaušinis

煎蛋

kiaušinienė

奶酪

sūris

食物 - maistas

冰激凌

ledai

糖

cukrus

蜂蜜

medus

果酱

uogienė

巧克力酱

tepamas šokoladas

咖喱饭

karis

农场
ūkininko ūkis

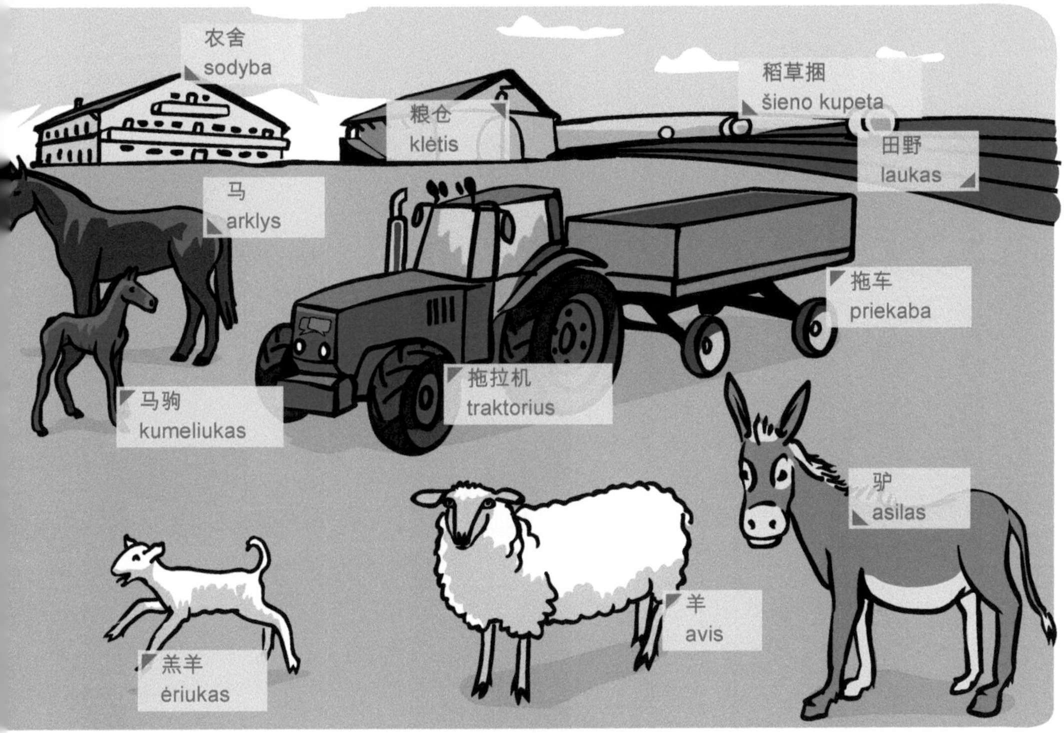
农舍
sodyba
粮仓
klėtis
稻草捆
šieno kupeta
田野
laukas
马
arklys
拖车
priekaba
拖拉机
traktorius
马驹
kumeliukas
驴
asilas
羊
avis
羔羊
ėriukas

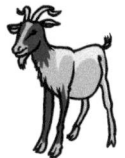

山羊

ožys

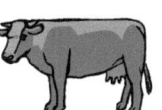

奶牛

karvė

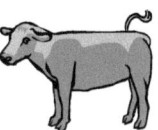

牛犊

veršis

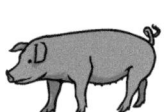

猪

kiaulė

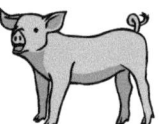

小猪

paršelis

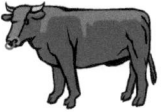

公牛

bulius

鹅

žąsis

鸭

antis

小鸡

viščiukas

母鸡

višta

公鸡

gaidys

鼠

žiurkė

猫

katė

老鼠

pelė

牛

jautis

狗

šuo

狗屋

šuns būda

花园浇水软管

sodo namas

洒水壶

laistytuvas

长柄大镰刀

dalgis

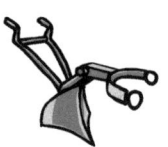

犁

plūgas

镰刀
pjautuvas

锄头
kauptukas

长柄草耙
šakės

斧头
kirvis

独轮手推车
statinė

饲料槽
lovys

牛奶罐
bidonas

麻布袋
maišas

栅栏
tvora

马厩
arklidė

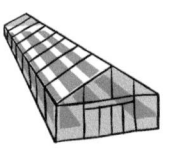

温室
šiltnamis

土壤
dirva

种子
sėkla

肥料
trąšos

联合收割机
kombainas

收割

rinkti

收割

derlius

山药

saldžiosios bulvės

小麦

kviečiai

大豆

soja

土豆

bulvė

玉米

kukurūzai

油菜籽

rapsai

果树

vaismedis

树薯

manijokas

谷物

grūdai

房子

namas

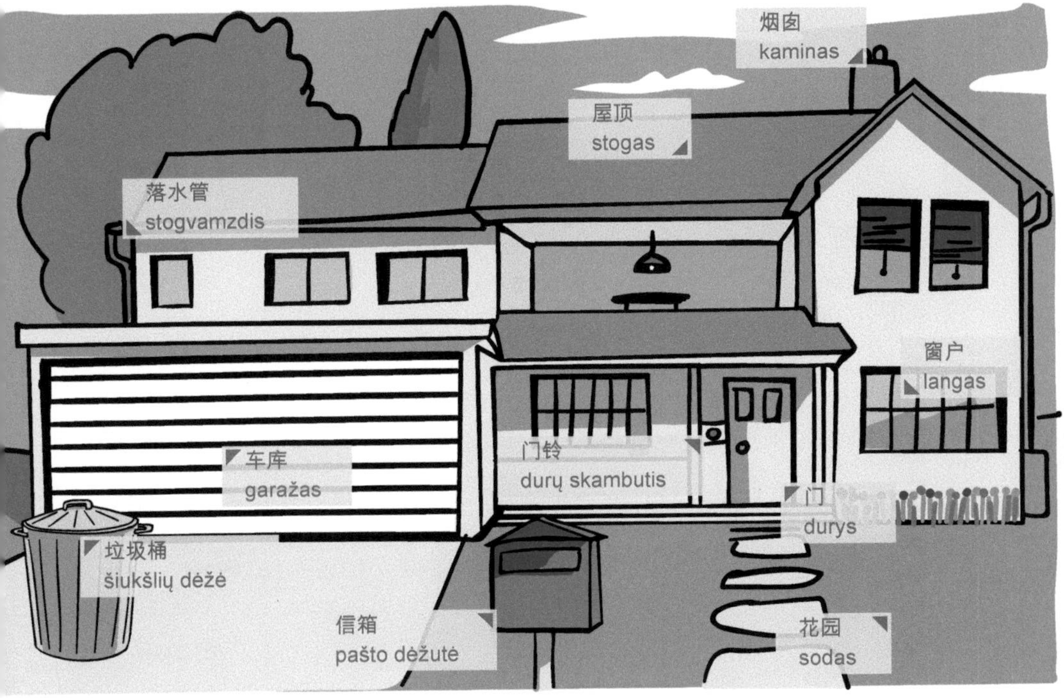

烟囱
kaminas
屋顶
stogas
落水管
stogvamzdis
窗户
langas
车库
garažas
门铃
durų skambutis
门
durys
垃圾桶
šiukšlių dėžė
信箱
pašto dėžutė
花园
sodas

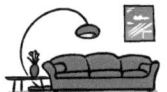

客厅

svetainė

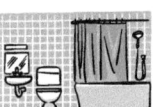

浴室

vonios kambarys

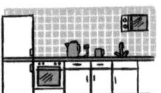

厨房

virtuvė

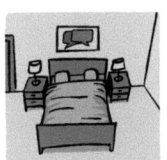

卧室

miegamasis

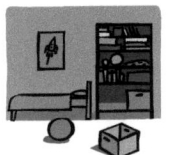

儿童房

vaiko kambarys

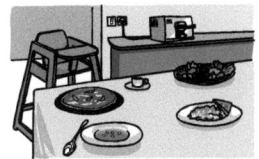

餐厅

valgomasis

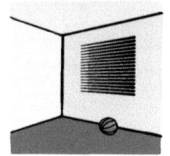

地板
grindys

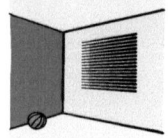

墙壁
siena

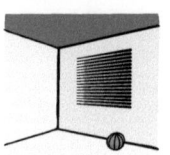

吊顶
lubos

地窖
rūsys

桑拿
sauna

阳台
balkonas

露台
terasa

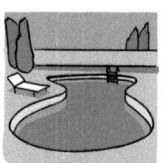

游泳池
baseinas

割草机
žoliapjovė

被单
paklodė

床罩
lovatiesė

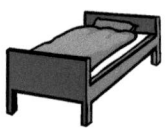

床
lova

扫帚
šluota

水桶
kibiras

开关
jungiklis

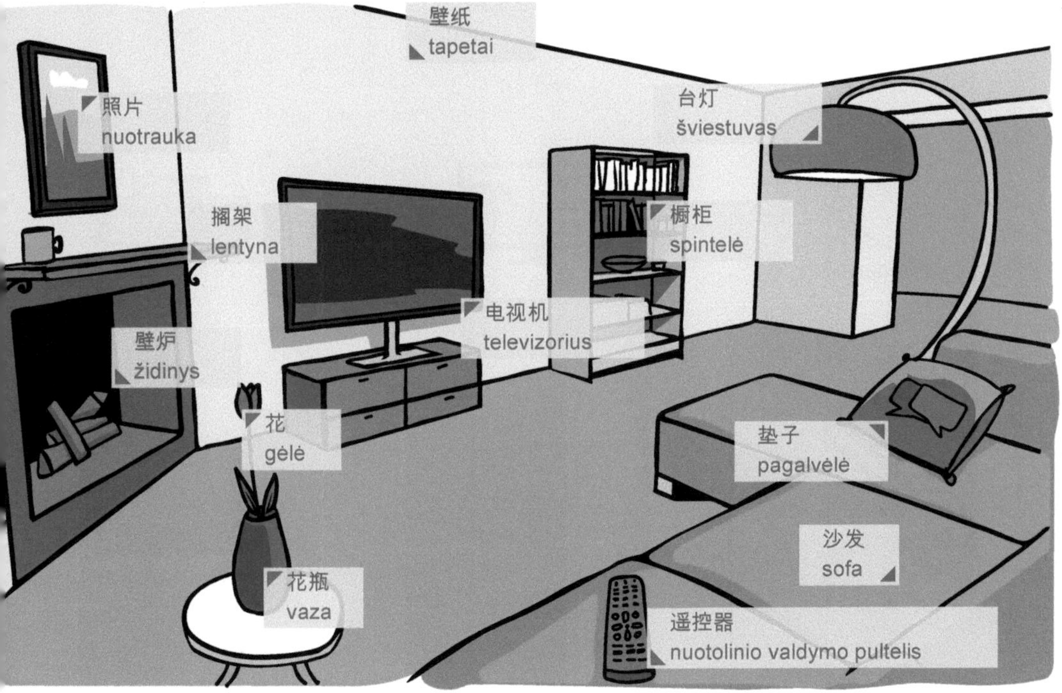

壁纸
tapetai

照片
nuotrauka

台灯
šviestuvas

搁架
lentyna

橱柜
spintelė

壁炉
židinys

电视机
televizorius

花
gėlė

垫子
pagalvėlė

花瓶
vaza

沙发
sofa

遥控器
nuotolinio valdymo pultelis

地毯

kilimas

窗帘

užuolaida

餐桌

stalas

椅子

kėdė

摇椅

supamasis krėslas

扶手椅

fotelis

书

knyga

毯子

antklodė

装饰品

papuošimai

木柴

malkos

电影

filmas

高保真音响

stereo aparatūra

钥匙

raktas

报纸

laikraštis

油画

paveikslas

海报

plakatas

收音机

radijas

笔记本

užrašų knygelė

吸尘器

dulkių siurblys

仙人掌

kaktusas

蜡烛

žvakė

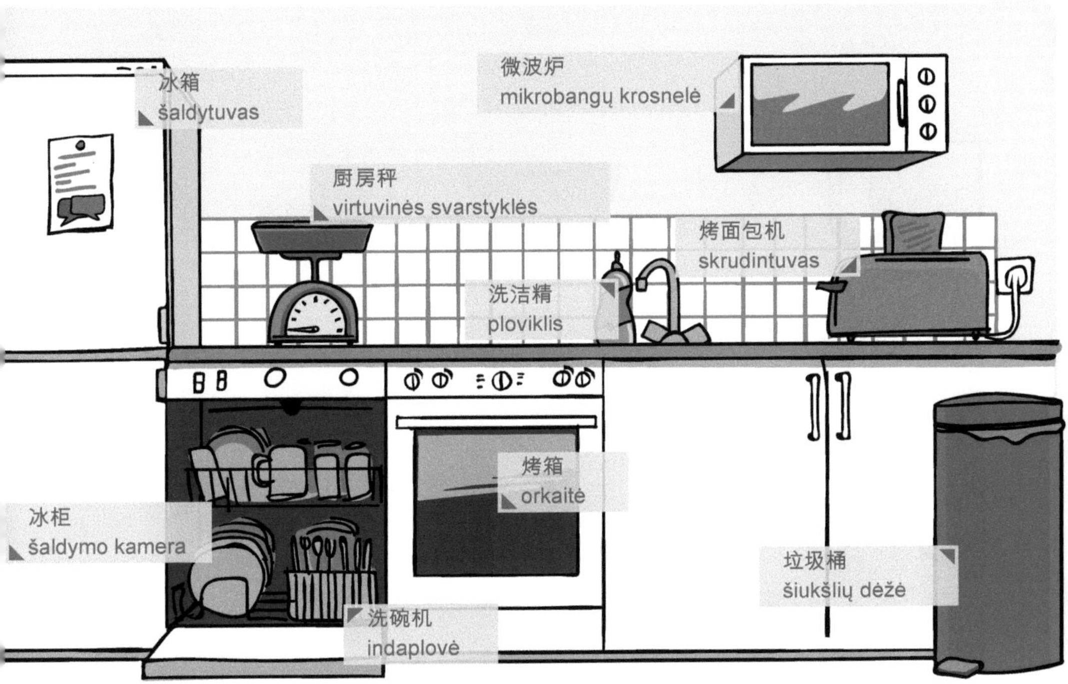

冰箱
▸ šaldytuvas

微波炉
mikrobangų krosnelė

厨房秤
▸ virtuvinės svarstyklės

洗洁精
ploviklis

烤面包机
skrudintuvas

冰柜
▸ šaldymo kamera

烤箱
orkaitė

垃圾桶
šiukšlių dėžė

洗碗机
indaplovė

炊具

viryklė

锅

puodas

铸铁锅

ketaus puodas

炒锅

„wok" keptuvė

平底锅

keptuvė

水壶

virdulys

蒸锅

garų puodas

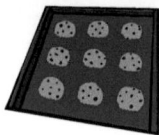

烤盘

kepimo skarda

陶瓷锅

porceliano indai

马克杯

puodelis

碗

dubuo

筷子

valgomosios lazdelės

长柄勺

samtis

铲子

mentelė

搅拌器

plaktuvas

滤网

koštuvas

筛子

sietas

磨碎机

trintuvė

研钵

grūstuvė

烧烤

kepsninė

明火

atvira liepsna

菜板

pjaustymo lentelė

擀面杖

kočėlas

开瓶器

kamščiatraukis

罐子

skardinė

开罐器

skardinių atidarytuvas

隔热手套

puodkėlė

水槽

kriauklė

刷子

šepetys

海绵

kempinė

搅拌机

trintuvas

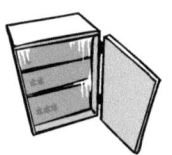

冷藏箱

šaldiklis

奶瓶

kūdikių buteliukas

水龙头

čiaupas

厨房 - virtuvė

浴室
vonios kambarys

供暖设备
šildymas

毛巾
rankšluostis

泡沫浴
vonios putos

淋浴
dušas

浴帘
dušo užuolaidos

浴缸
vonia

玻璃杯
stiklinė

洗衣机
skalbimo mašina

瓷砖
plytelės

水龙头
čiaupas

便壶
naktinis puodukas

水槽
kriauklė

厕所
unitazas

蹲便器
tupimasis unitazas

坐浴器
bidė

小便池
pisuaras

厕纸
tualetinis popierius

马桶刷
unitazo šepetys

牙刷
dantų šepetėlis

牙膏
dantų pasta

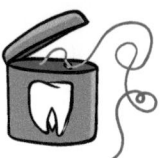

牙线
dantų siūlas

洗
plauti

手持式喷淋头
dušo galvutė

冲洗器
higieninis dušas

洗脸盆
praustuvas

擦背刷
nugaros plaušinė

肥皂
muilas

沐浴露
dušo želė

洗发水
šampūnas

法兰绒
plaušinė

排水
kanalizacija

乳霜
kremas

除臭剂
dezodorantas

浴室 - vonios kambarys

镜子
veidrodis

手镜
veidrodėlis

剃须刀
skustuvas

剃须泡沫
skutimosi putos

须后水
losjonas po skutimosi

梳子
šukos

刷子
šepetys

吹风机
plaukų džiovintuvas

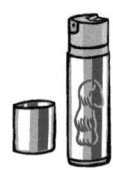

喷发定型剂
plaukų lakas

化妆品
makiažas

唇膏
lūpdažis

指甲油
nagų lakas

化妆棉
vata

指甲剪
žirklutės nagams

香水
kvepalai

洗漱包

maišelis skalbiniams

凳子

taburetė

计重秤

svarstyklės

浴袍

chalatas

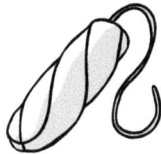

橡胶手套

guminės pirštinės

tamponas の前の画像

卫生棉条

tamponas

卫生巾

higieninis įklotas

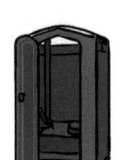

化学厕所

biotualetas

儿童房

vaiko kambarys

闹钟
žadintuvas
毛绒玩具
pliušinis žaislas
玩具车
žaislinė mašinėlė
拨浪鼓
barškutis
玩具屋
lėlės namelis
礼物
dovana

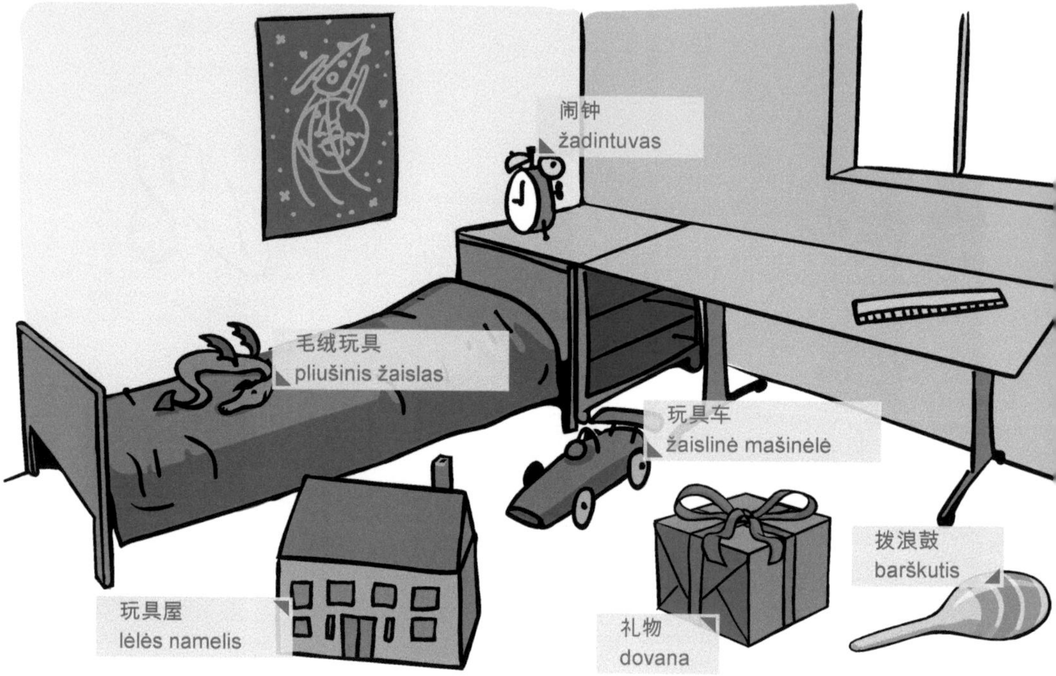

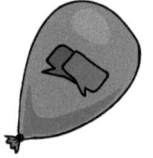

气球

balionas

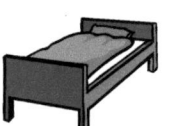

床

lova

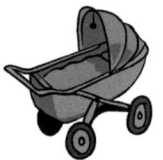

（洋娃娃用）婴儿车

vaikiškas vežimėlis

扑克牌

kortų malka

拼图

delionė

SUPER
MEGA

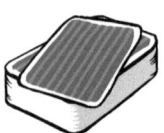

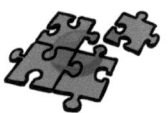

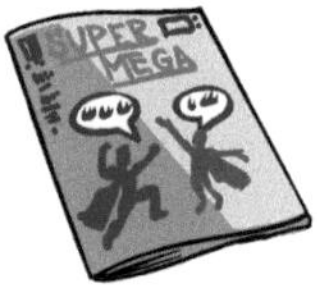

漫画

komiksai

乐高积木

lego kaladėlės

积木玩具

žaislinės kaladėlės

玩具人

figūrėlė

婴儿服

šliaužtinukai

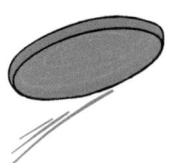

飞盘

mėtymo lėkštė

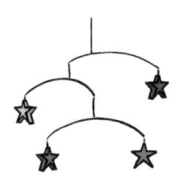

床铃玩具

karuselė

棋盘游戏

stalo žaidimas

骰子

kauliukai

火车模型

žaislinis traukinys

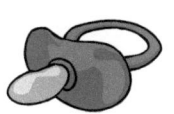

安抚奶嘴

žindukas

聚会

vakarėlis

绘本

paveiksliukų knygelė

球

kamuolys

洋娃娃

lėlė

玩

žaisti

沙坑

smėlio dėžė

秋千

sūpynės

玩具

žaislai

游戏机

žaidimų konsolė

三轮车

triratukas

泰迪熊

meškiukas

衣柜

drabužių spinta

衣服
drabužis

袜子

kojinės

长袜

kojinės virš kelių

紧身裤

pėdkelnės

围巾
šalikas

雨伞
skėtis

T恤
marškinėliai

皮带
diržas

靴子
ilgaauliai batai

拖鞋
šlepetės

运动鞋
sportbačiai

凉鞋
sandalai

鞋
batai

雨靴
guminiai batai

内裤
trumpikės

胸罩
liemenėlė

背心
liemenė

身体

glaustinukė

裤子

kelnės

牛仔裤

džinsai

短裙

sijonas

女式衬衫

palaidinė

衬衫

marškiniai

套头衫

megztinis

卫衣

megztinis su gobtuvu

西装夹克

švarkelis

夹克

švarkas

外套

paltas

雨衣

lietpaltis

套装

kostiumas

连衣裙

suknelė

婚纱

vestuvinė suknelė

西装

kostiumas

睡袍

naktiniai marškiniai

睡衣

pižama

莎丽

saris

头巾

skarelė

包头巾

tiurbanas

波卡

burka

卡夫坦

kaftanas

(阿拉伯式)长袍

abaja

泳衣

maudymosi kostiumėlis

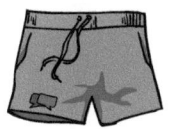

男式泳裤

glaudės

短裤

šortai

运动服

sportinis kostiumas

围裙

prijuostė

手套

pirštinės

纽扣
saga

眼镜
akiniai

手链
apyrankė

项链
vėrinys

戒指
žiedas

耳环
auskaras

便帽
kepurė

衣架
pakabas

帽子
skrybėlė

领带
kaklaraištis

拉链
užtrauktukas

头盔
šalmas

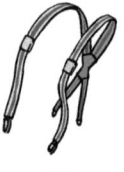

背带
breketai

校服
mokyklinė uniforma

制服
uniforma

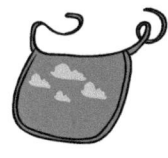

围兜

seilinukas

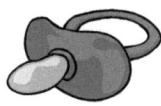

安抚奶嘴

žindukas

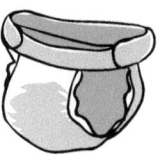

尿不湿

vystyklai

办公室
biuras

服务器
serveris
文件柜
dokumentų spinta
打印机
spausdintuvas
纸
popierius
显示屏
vaizduoklis
鼠标
pelė
办公桌
rašomasis stalas
文件夹
aplankas
键盘
klaviatūra
废纸篓
šiukšliadėžė
电脑
kompiuteris
椅子
kėdė

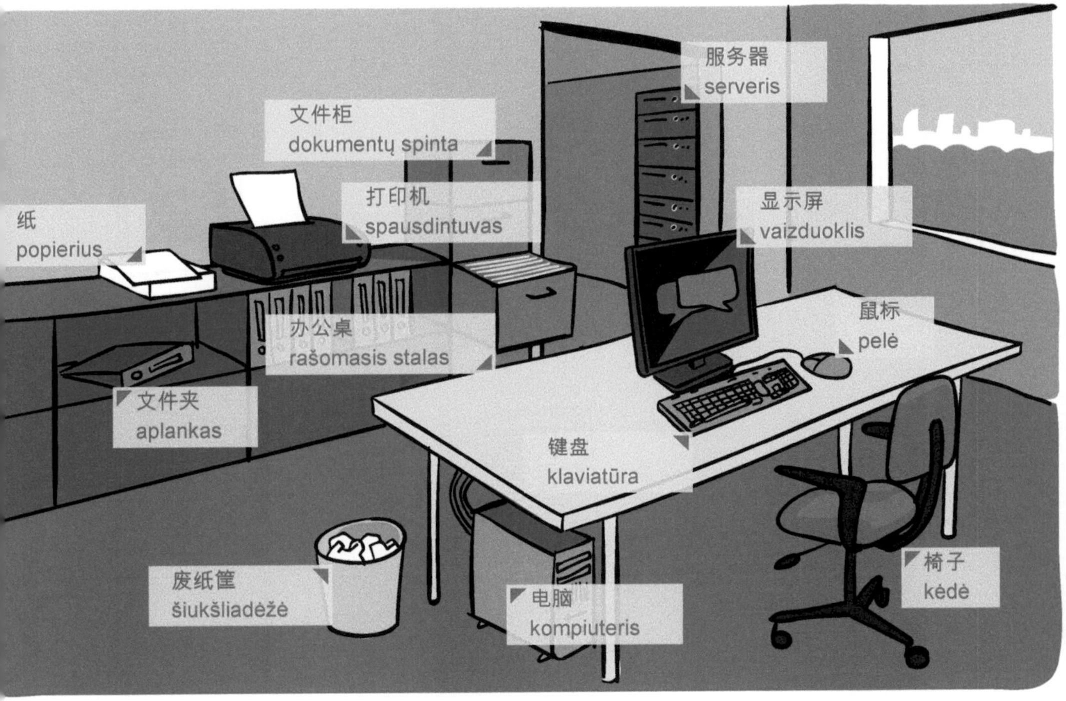

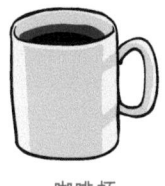

咖啡杯

kavos puodelis

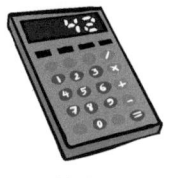

计算器

kalkuliatorius

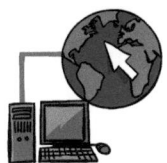

因特网

internetas

笔记本电脑
nešiojamasis kompiuteris

信件
laiškas

消息
žinutė

手机
mobilusis telefonas

网络
tinklas

复印机
fotokopijavimo aparatas

软件
programinė įranga

电话
telefonas

插座
kištukinis lizdas

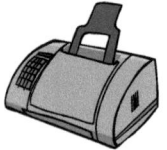

传真机
faksas

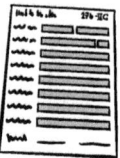

表格
forma

文件
dokumentas

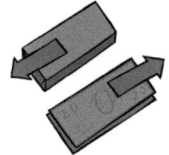

买

pirkti

付钱

mokėti

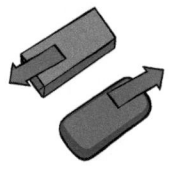

交易

prekiauti

现金

pinigai

美元

doleris

欧元

euras

日元

jena

 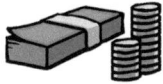

卢布

rublis

瑞士法郎

Šveicarijos frankas

人民币

juanis

卢比

rupija

提款处

bankomatas

外币兑换处

valiutos keitykla

金

auksas

银

sidabras

石油

nafta

能源

energija

价格

kaina

合同

sutartis

税金

mokestis

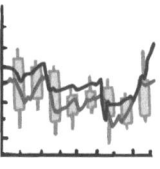

股票

akcijos

工作

dirbti

职员

darbuotojas

老板

darbdavys

工厂

gamykla

商店

parduotuvė

警官
policininkas

消防员
ugniagesys

厨师
virėjas

医生
gydytojas

飞行员
lakūnas

园丁
sodininkas

木匠
stalius

裁缝
siuvėja

法官
teisėjas

化学家
chemikas

演员
aktorius

公交车司机

autobuso vairuotojas

出租车司机

taksi vairuotojas

渔夫

žvejys

清洁女工

valytoja

屋顶工

stogdengys

服务员

padavėjas

猎人

medžiotojas

画家

dailininkas

面包师

kepėjas

电工

elektrikas

建筑工人

statybininkas

工程师

inžinierius

屠夫

mėsininkas

水管工

santechnikas

邮递员

paštininkas

士兵
kareivis

建筑师
architektas

收银员
kasininkas

花农
gėlininkas

理发师
kirpėjas

售票员
konduktorius

机械师
mechanikas

船长
kapitonas

牙医
odontologas

科学家
mokslininkas

拉比
rabinas

伊玛目
imamas

和尚
vienuolis

牧师
kunigas

工具

įrankiai

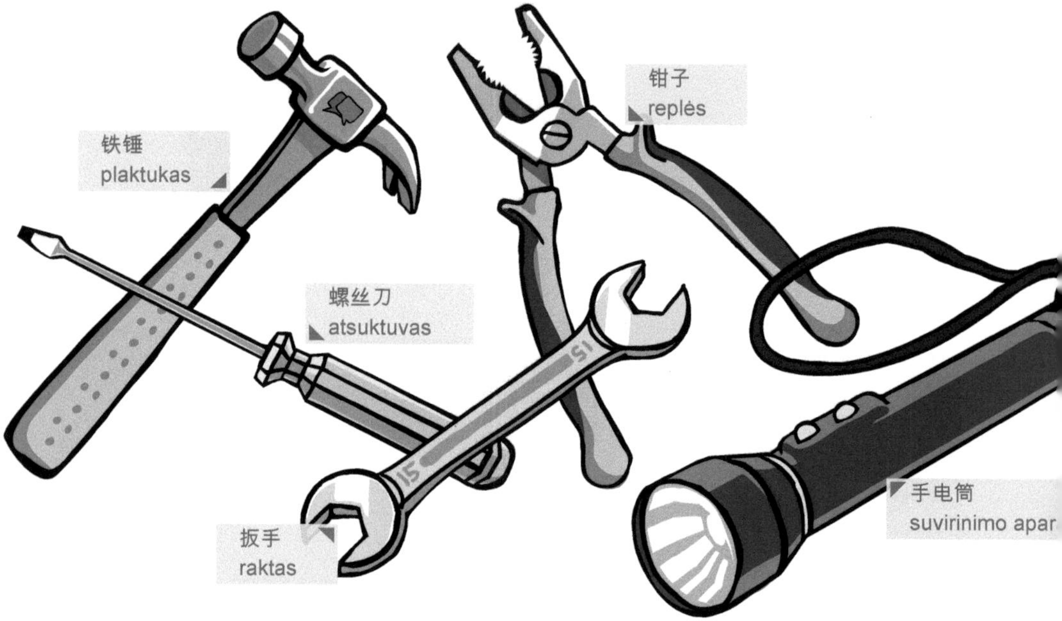

铁锤
plaktukas
钳子
replės
螺丝刀
atsuktuvas
扳手
raktas
手电筒
suvirinimo apar

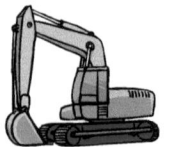

挖掘机

ekskavatorius

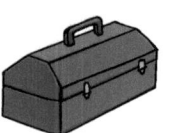

工具箱

įrankių dėžė

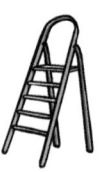

梯子

kopėčios

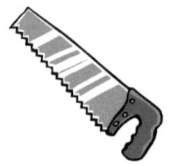

锯子

pjūklas

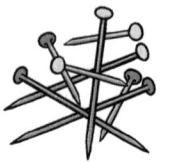

钉子

vinys

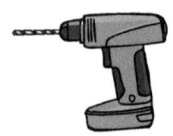

钻机

grąžtas

修
....
taisyti

铲子
....
kastuvas

靠！
....
Velniava!

簸箕
....
semtuvėlis

油漆桶
....
dažų skardinė

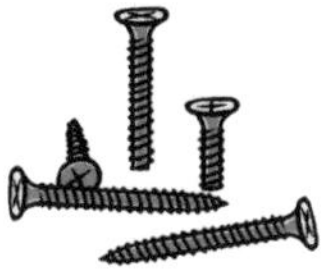

螺丝
....
varžtai

乐器

muzikos instrumentai

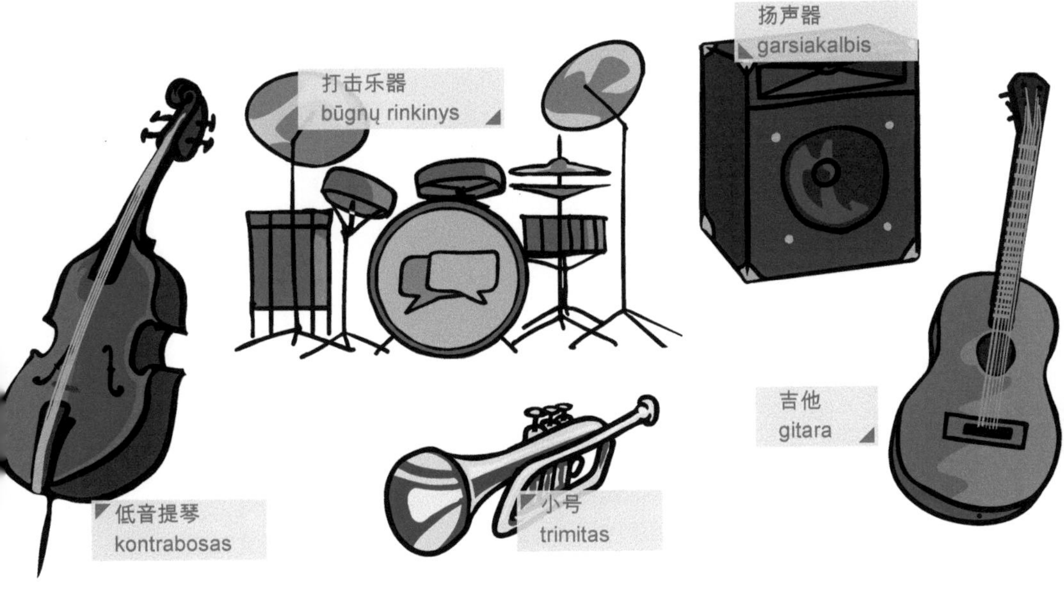

打击乐器
būgnų rinkinys ◀

扬声器
garsiakalbis

吉他
gitara ◀

▼ 低音提琴
kontrabosas

小号
trimitas

钢琴

pianinas

小提琴

smuikas

贝斯

bosinė gitara

定音鼓

timpanas

鼓

būgnai

电子琴

sintezatorius

萨克斯管

saksofonas

长笛

fleita

麦克风

mikrofonas

zoologijos sodas

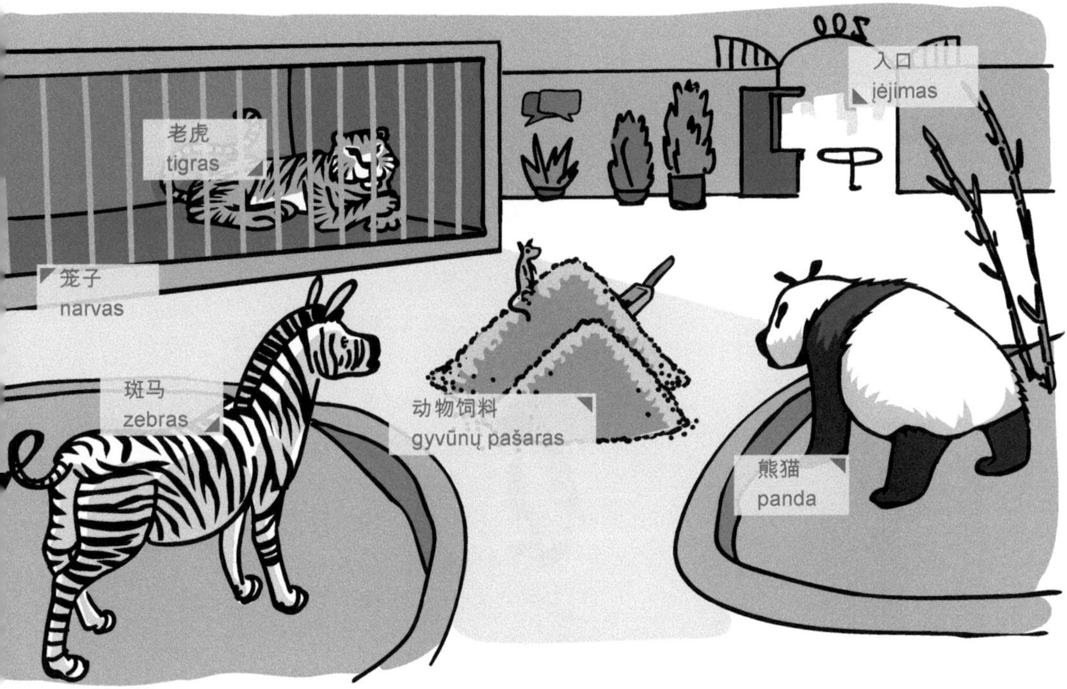
zoo
入口
įėjimas
老虎
tigras
笼子
narvas
斑马
zebras
动物饲料
gyvūnų pašaras
熊猫
panda

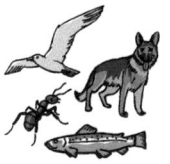

动物

gyvūnai

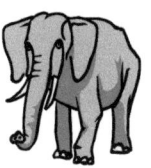

大象

dramblys

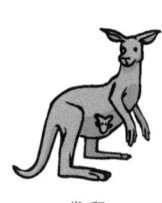

袋鼠

kengūra

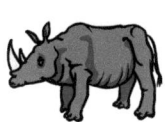

犀牛

raganosis

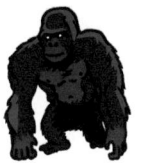

大猩猩

gorila

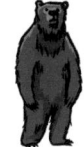

熊

meška

骆驼

kupranugaris

鸵鸟

strutis

狮子

liūtas

猴子

beždžionė

火烈鸟

flamingas

鹦鹉

papūga

北极熊

baltoji meška

企鹅

pingvinas

鲨鱼

ryklys

孔雀

povas

蛇

gyvatė

鳄鱼

krokodilas

动物园管理员

zoologijos sodo prižiūrėtojas

海豹

ruonis

美洲豹

jaguaras

矮种马

ponis

豹

leopardas

河马

begemotas

长颈鹿

žirafa

老鹰

erelis

野猪

šernas

鱼

žuvis

龟

vėžlys

海象

vėplys

狐狸

lapė

羚羊

gazelė

动物园 - zoologijos sodas

橄榄球
amerikietiškas futbolas

骑自行车
dviračių sportas

网球
tenisas

篮球
krepšinis

游泳
plaukimas

拳击
boksas

冰球
ledo ritulys

英式足球
futbolas

羽毛球
badmintonas

田径
atletika

手球
rankinis

滑雪
slidinėjimas

马球
polas

跳
šokinėti

拥抱
apkabinti

笑
juoktis

走路
vaikščioti

唱
dainuoti

做梦
svajoti

祈祷
melstis

亲吻
bučiuoti

书写
rašyti

画
piešti

展示
rodyti

推
stumti

给
duoti

拿
imti

有
turėti

做
daryti

当
būti

站
stovėti

跑
bėgti

拉
traukti

扔
mesti

摔倒
kristi

躺
meluoti

等待
laukti

携带
nešti

坐
sėdėti

穿衣
rengtis

睡觉
miegoti

醒来
pabusti

看

žiūrėti

哭

verkti

抚摸

glostyti

梳头

šukuoti

交谈

kalbėti

明白

suprasti

问

paklausti

听

klausytis

喝

gerti

吃

valgyti

清理

tvarkytis

爱

mylėti

做饭

gaminti

开车

vairuoti

飞

skristi

航行

buriuoti

计算

skaičiuoti

读

skaityti

学习

mokytis

工作

dirbti

结婚

vesti

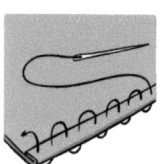

缝

siūti

刷牙

valytis dantis

杀

žudyti

抽烟

rūkyti

寄

siųsti

šeima

祖母
senelė

祖父
senelis

父亲
tėvas

母亲
motina

婴童
kūdikis

女儿
dukra

儿子
sūnus

客人

svečias

阿姨

teta

叔叔

dėdė

兄弟

brolis

姐妹

sesuo

身体
kūnas

前额
kakta
眼睛
akis
脸
veidas
下巴
smakras
乳房
krūtinė
手指
pirštas
手
plaštaka
手臂
ranka
肩膀
petys
腿
koja

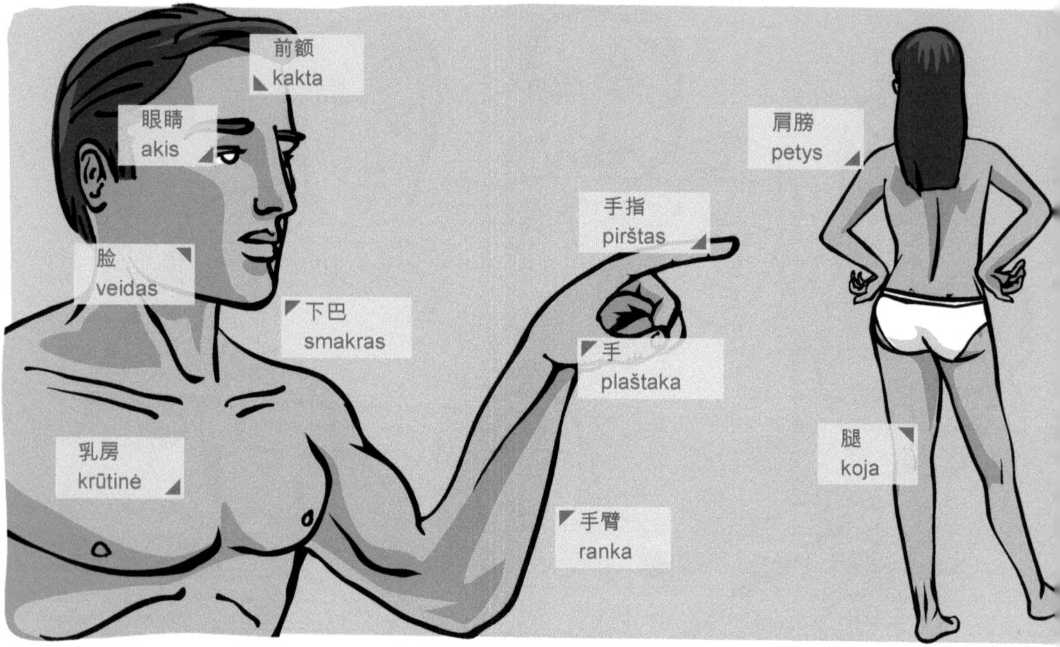

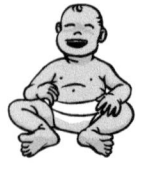

婴童
kūdikis

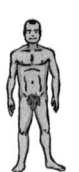

男人
vyras

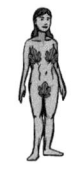

女人
moteris

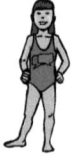

女孩
mergaitė

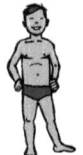

男孩
berniukas

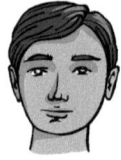

头
galva

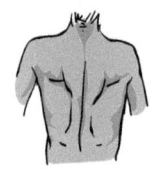

背部
nugara

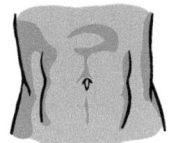

肚子
pilvas

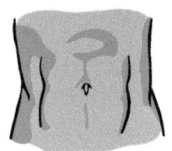

肚脐
bamba

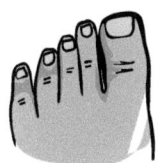

脚趾
kojos pirštas

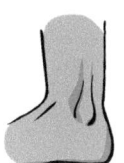

脚后跟
kulnas

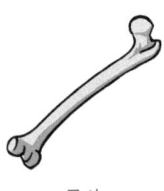

骨头
kaulas

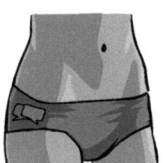

臀部
klubas

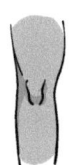

膝盖
kelis

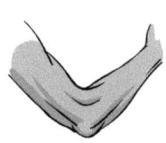

手肘
alkūnė

鼻子
nosis

屁股
sėdmenys

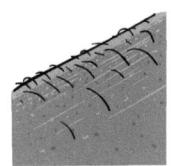

皮肤
oda

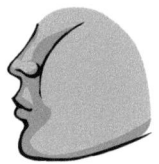

脸颊
skruostas

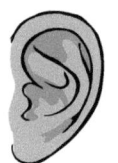

耳朵
ausis

嘴唇
lūpa

身体 - kūnas

69

嘴
burna

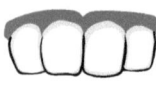

牙齿
dantis

舌头
liežuvis

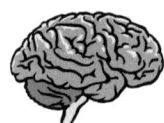

脑
smegenys

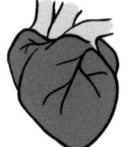

心脏
širdis

肌肉
raumuo

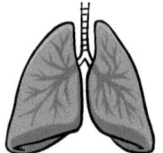

肺
plaučiai

肝脏
kepenys

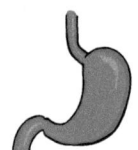

胃
skrandis

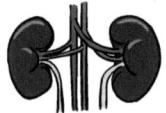

肾脏
inkstai

性交
seksas

避孕套
prezervatyvas

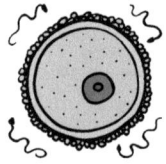

卵子
kiaušialąstė

精子
sperma

怀孕
nėštumas

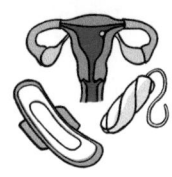

月经
menstruacijos

阴道
makštis

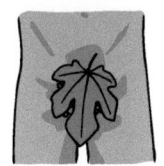

阴茎
varpa

眉毛
antakis

头发
plaukai

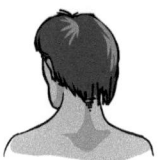

脖子
kaklas

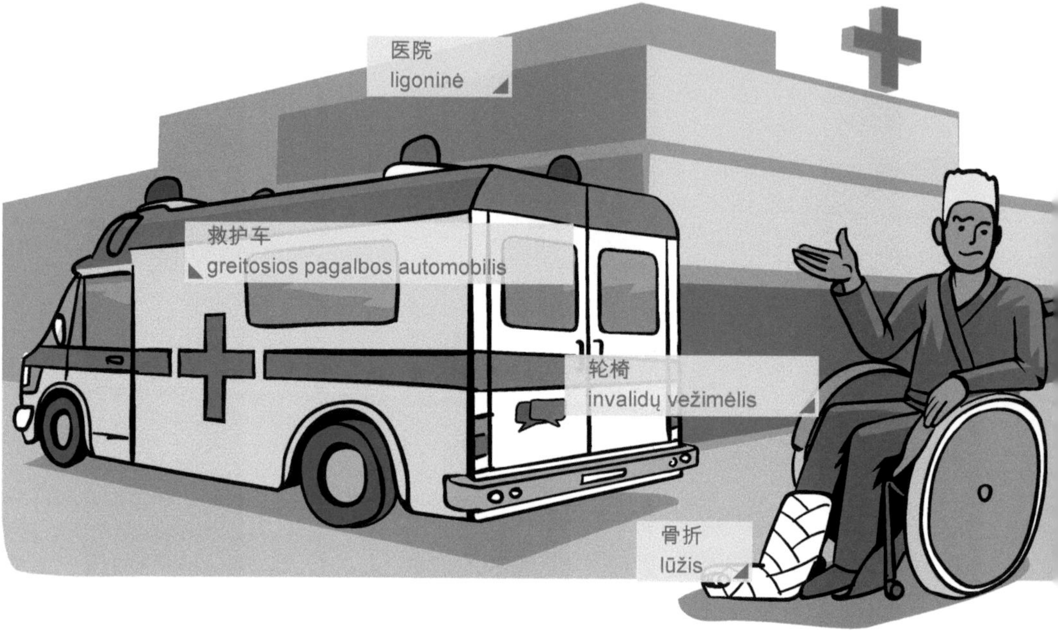

医院
ligoninė

救护车
greitosios pagalbos automobilis

轮椅
invalidų vežimėlis

骨折
lūžis

医生

gydytojas

急诊室

skubios pagalbos skyrius

护士

slaugytoja

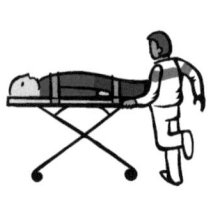

紧急情况

nelaimingas atsitikimas

昏迷

be sąmonės

痛

skausmas

受伤

sužalojimas

出血

kraujavimas

心脏病发作

širdies smūgis

中风

insultas

过敏

alergija

咳嗽

kosulys

发烧

karščiavimas

流感

gripas

腹泻

viduriavimas

头痛

galvos skausmas

癌症

vėžys

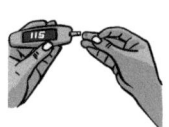

糖尿病

diabetas

外科医生

chirurgas

手术刀

skalpelis

手术

operacija

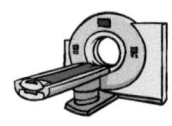

CT
KT

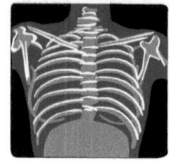

X光
rentgenas

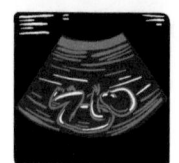

超声波
ultragarsas

口罩
veido kaukė

疾病
liga

候诊室
laukiamasis

拐杖
ramentas

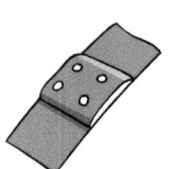

石膏
gipsas

绷带
tvarstis

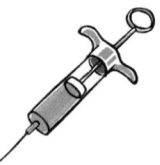

注射
injekcija

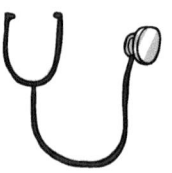

听诊器
stetoskopas

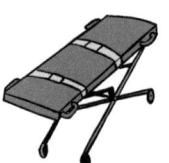

担架
neštuvai

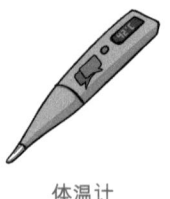

体温计
termometras

出生
gimimas

超重
antsvoris

助听器

klausos aparatas

消毒液

dezinfekavimo priemonė

感染

infekcija

病毒

virusas

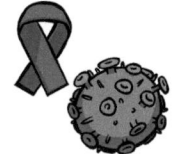

艾滋病

ŽIV / AIDS

药物

vaistas

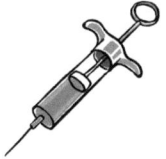

接种疫苗

skiepijimas

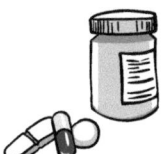

药片

tabletės

药丸

piliulė

急救电话

skubios pagalbos numeris

血压计

kraujospūdžio matuoklis

生病/健康

ligotas / sveikas

救命！

Padėkite!

警报

pavojaus signalas

突击

užpuolimas

攻击

ataka

危险

pavojus

紧急出口

avarinis išėjimas

着火啦！

Gaisras!

灭火器

gesintuvas

意外

nelaimingas atsitikimas

急救箱

pirmosios pagalbos rinkinys

呼救信号

SOS

警察

policija

欧洲

Europa

北美洲

Šiaurės Amerika

南美洲

Pietų Amerika

非洲

Afrika

亚洲

Azija

澳洲

Australija

大西洋

Atlanto vandenynas

太平洋

Ramusis vandenynas

印度洋

Indijos vandenynas

南冰洋

Pietų vandenynas

北冰洋

Arkties vandenynas

北极

Šiaurės ašigalis

南极

Pietų ašigalis

南极洲

Antarktida

地球

Žemė

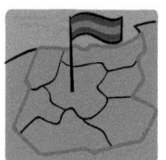

陆地

sausuma

海

jūra

岛

sala

国家

tauta

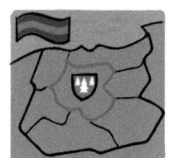

国家

valstybė

钟面
ciferblatas

时针
valandinė rodyklė

分针
minutinė rodyklė

秒针
sekundinė rodyklė

现在几点？
Kiek valandų?

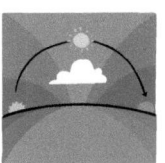

天
diena

时间
laikas

现在
dabar

电子表
skaitmeninis laikrodis

分
minutė

时
valanda

周

savaitė

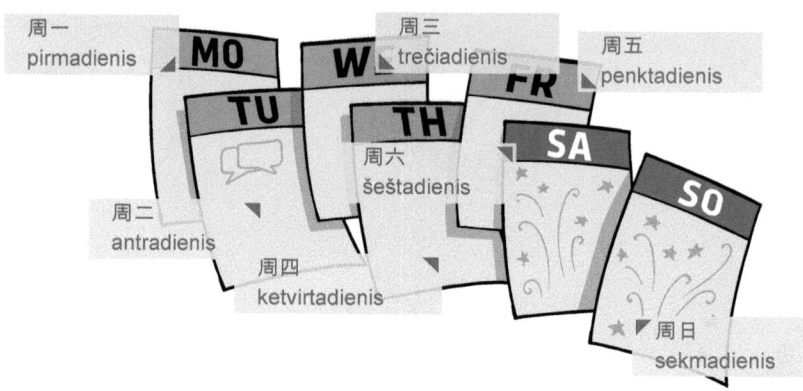

周一 pirmadienis

周三 trečiadienis

周五 penktadienis

周二 antradienis

周四 ketvirtadienis

周六 šeštadienis

周日 sekmadienis

昨天

vakar

今天

šiandien

明天

rytoj

早晨

rytas

中午

vidurdienis

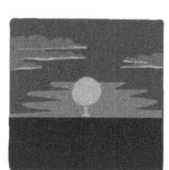

晚上

vakaras

工作日

darbo dienos

周末

savaitgalis

年

metai

雨
lietus
彩虹
vaivorykštė
风
vėjas
雪
sniegas
春
pavasaris
秋
ruduo
夏
vasara
冬
žiema

4.APRIL 11°
5.APRIL 4°
6.APRIL 13°
7.APRIL 8°
8.APRIL 10°

天气预报

orų prognozė

F C
120 90 60 30 0 -30
40 30 20 10 0 -10 -20

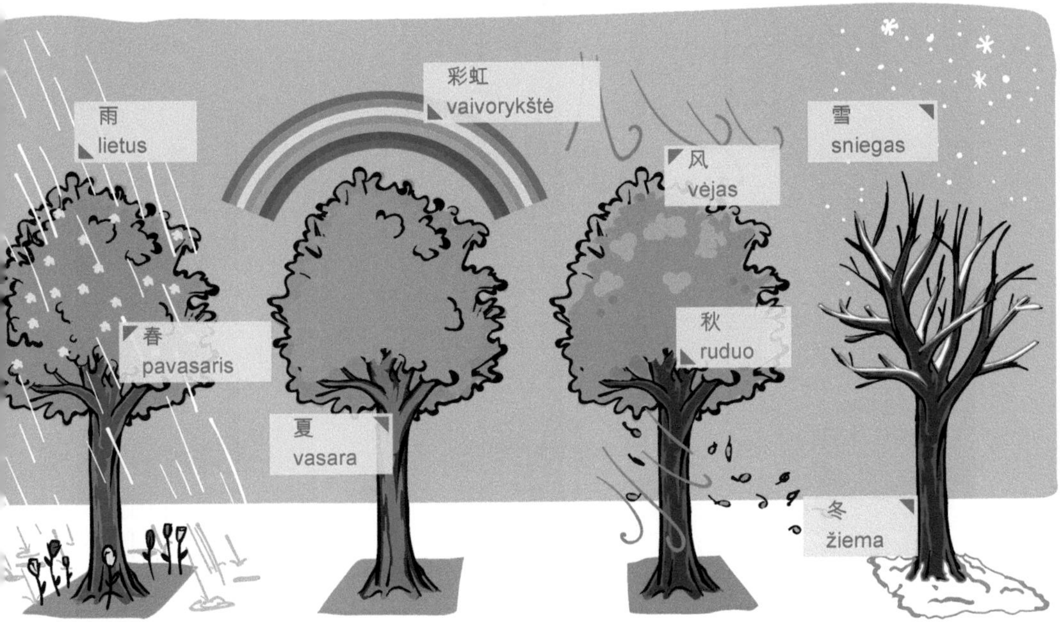

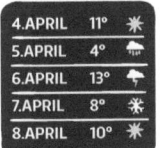

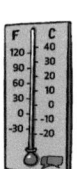

温度计

lauko termometras

阳光

saulės šviesa

云

debesis

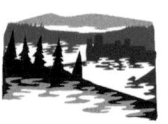

雾

rūkas

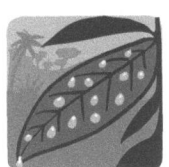

潮湿

drėgmė

闪电

žaibas

打雷

griaustinis

风暴

audra

冰雹

kruša

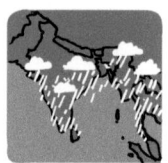

季风

musonas

洪水

potvynis

冰

ledas

一月

sausis

二月

vasaris

三月

kovas

四月

balandis

五月

gegužė

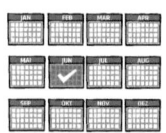

六月

birželis

七月

liepa

八月

rugpjūtis

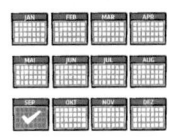

九月

rugsėjis

十月

spalis

十一月

lapkritis

十二月

gruodis

形状

formos

圆形

apskritimas

正方形

kvadratas

长方形

stačiakampis

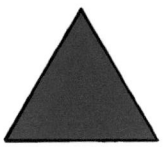

三角形

trikampis

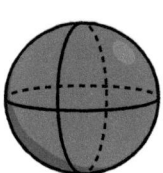

球体

sfera

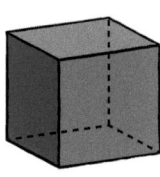

立方体

kubas

白

balta

黄

geltona

橙

oranžinė

粉

rožinė

红

raudona

紫

violetinė

蓝

mėlyna

绿

žalia

棕

ruda

灰

pilka

黑

juoda

很多/少许

daug / mažai

生气/平静

piktas / ramus

美/丑

gražus / bjaurus

首/尾

pradžia / pabaiga

大/小

didelis / mažas

明/暗

šviesus / tamsus

兄弟/姐妹

brolis / sesuo

干净/肮脏

švarus / purvinas

完整/缺失

užbaigtas / neužbaigtas

白天/晚上

diena / naktis

死/生

miręs / gyvas

宽/窄

platus / siauras

可食用/非食用

valgomas / nevalgomas

邪恶/善良

piktas / malonus

兴奋/无聊

linksmas / nuobodus

胖/瘦

storas / plonas

第一/最后

pirmiausia / paskiausia

朋友/敌人

draugas / priešas

满/空

pilnas / tuščias

硬/软

kietas / minkštas

重/轻

sunkus / lengvas

饿/渴

alkis / troškulys

生病/健康

ligotas / sveikas

非法/合法

nelegalus / legalus

聪明/愚笨

protingas / kvailas

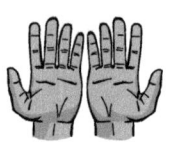

左/右

kairė / dešinė

近/远

arti / toli

新/旧

naujas / naudotas

没有/有些

niekas / kažkas

老/幼

senas / jaunas

开/关

įjungta / išjungta

打开/合上

atidaryta / uždaryta

安静/吵闹

tylus / garsus

富/穷

turtingas / vargšas

对/错

teisus / neteisus

粗糙/光滑

šiurkštus / švelnus

伤心/高兴

liūdnas / laimingas

短/长

trumpas / ilgas

慢/快

lėtas / greitas

湿/干

drėgnas / sausas

温暖/凉爽

šiltas / šaltas

战争/和平

karas / taika

0

零

nulis

1

一

vienas

2

二

du

3

三

trys

4

四

keturi

5

五

penki

6

六

šeši

7

七

septyni

8

八

aštuoni

9

九

devyni

10

十

dešimt

11

十一

vienuolika

12

十二
dvylika

13

十三
trylika

14

十四
keturiolika

15

十五
penkiolika

16

十六
šešiolika

17

十七
septyniolika

18

十八
aštuoniolika

19

十九
devyniolika

20

二十
dvidešimt

100

百
šimtas

1.000

千
tūkstantis

1.000.000

百万
milijonas

英语

anglų

美式英语

amerikiečių anglų

普通话

kinų (mandarinų)

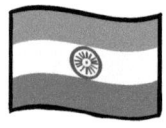

印地语

hindi

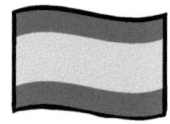

西班牙语

ispanų

法语

prancūzų

阿拉伯语

arabų

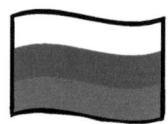

俄语

rusų

葡萄牙语

portugalų

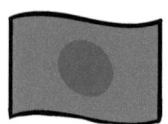

孟加拉语

bengalų

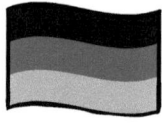

德语

vokiečių

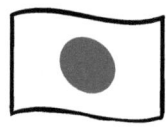

日语

japonų

我

aš

你

tu

他/她/它

jis / ji

我们

mes

你们

jūs

他们

jie

谁？

kas?

什么？

ką?

怎样？

kaip?

哪里？

kur?

什么时候？

kada?

名字

vardas

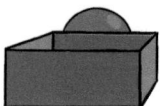

后面

už

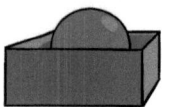

里面

kur (vieta)

前面

priešais

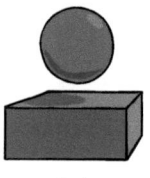

上方

virš

上面

ant

下面

po

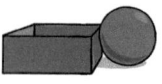

旁边

prie

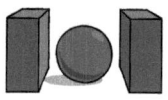

中间

tarp

地点

vieta